*Pour Mamita*


Loi numéro 49 956 du 16 juillet 1949 sur les publications
destinées à la jeunesse : mars 1996
Imprimé en France par
**Jean-Lamour à Maxéville**
Diffusion l'école des loisirs

Sylvie Auzary-Luton

# Monstres, sorcières et croquemitaines

kaléidoscope

«Non! non! je n'irai pas! hurle Petit Prince Jean. Il y a des croquemitaines dans le placard, des monstres derrière les rideaux et une sorcière sous le lit! Lâche-moi!»

« Écoute ! Tu entends ? Le croquemitaine va sortir du placard ! »

« Mais non, mon chéri, regarde, rassure Nounou Line,
aucun croquemitaine…

… et pas de monstres derrière les rideaux,

pas plus que de sorcière sous le lit. »

Peu à peu, Petit Prince Jean se calme…

il finit même par s'endormir…

… jusqu'à ce que…

…un croquemitaine le réveille !

Le croquemitaine est rejoint par des monstres terrifiants

et tous dansent autour

de Petit Prince Jean.

Petit Prince Jean bondit de son lit.

Mais la sorcière-de-dessous-le-lit l’attrape.

« Lâche-le. Il est à moi ! », hurle le croquemitaine, qui déteste la sorcière.

« Non ! Il est à moi ! », crie la sorcière.

« Taisez-vous ! Nous pouvons nous le partager », sifflent les monstres.

Petit Prince Jean se sauve sur la pointe des pieds,

puis il se met à courir, courir, courir.

Au bout du corridor,
il fait tout noir.
Petit Prince Jean
recommence à trembler.

Soudain…

« Nounou Line ? C'est toi qui as allumé la lumière ? »

« Hé ! réponds-moi ! »

« Mais, c’est la lune ! Qu’elle est belle ! Et si lumineuse ! »

« Nom d'un prince, ça ne se passera pas comme ça ! »

« Merci, lune ! »

« Toi, dehors ! », s'écrie Petit Prince Jean.

« Et vous, disparaissez derrière vos rideaux ! »

« Là, plus personne. Ah si, j'oubliais… »

« Reste la sorcière. ALLEZ, HOP ! DU BALAI ! »

«Je n’aurai plus jamais peur.»

Bonne nuit.